Impressum
Verlag: BABADADA GmbH, Nedderfeld 112 , 22529 Hamburg
Geschäftsführer / Verlagsleitung: Harald Hof
Druck: Books on Demand GmbH, In de Tarpen 42, 22848 Norderstedt

Imprint
Publisher: BABADADA GmbH, Nedderfeld 112 , 22529 Hamburg, Germany
Managing Director / Publishing direction: Harald Hof
Print: Books on Demand GmbH, In de Tarpen 42, 22848 Norderstedt, Germany

Schule
Šola

dividieren
Deljenje

186/2

Tafel
Tabla

Klassenzimmer
Razred

Schulhof
Šolsko dvorišče

Lehrer
Učitelj

Papier
Papir

schreiben
Pisati

Stift
Pisalo

Schreibtisch
Pisalna miza

Lineal
Ravnilo

Buch
Knjiga

Schüler
Učenec

Ranzen

Šolska torba

Federmappe

Peresnica

Bleistift

Svinčnik

Bleistiftanspitzer

Šilček

Radiergummi

Radirka

Zeichenblock

Risalni blok

Zeichnung

Risba

Pinsel

Čopič

Malkasten

Vodene barvice

Schere

Škarje

Klebstoff

Lepilo

Übungsheft

Zvezek

Hausaufgabe

Domača naloga

12

Zahl

Število

2+2

addieren

Seštevanje

5-2

subtrahieren

Odštevanje

2×2

multiplizieren

Množenje

rechnen

Računanje

A

Buchstabe

Črka

**ABCDEFG
HIJKLMN
OPQRSTU
VWXYZ**

Alphabet

Abeceda

Wort

Beseda

Text

Besedilo

lesen

Brati

Kreide

Kreda

Stunde

Učna ura

Klassenbuch

Redovalnica

Prüfung

Preizkus znanja

Zeugnis

Spričevalo

Schuluniform

Šolska uniforma

Ausbildung

Izobrazba

Lexikon

Enciklopedija

Universität

Univerza

Mikroskop

Mikroskop

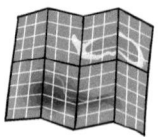

Karte

Zemljevid

Papierkorb

Koš za smeti

Hotel
Hotel

Grand

Herberge
Hostel

ROOMS

Wechselstube
Menjalnica

EXCHANGE

Koffer
Kovček

Auto
Avtomobil

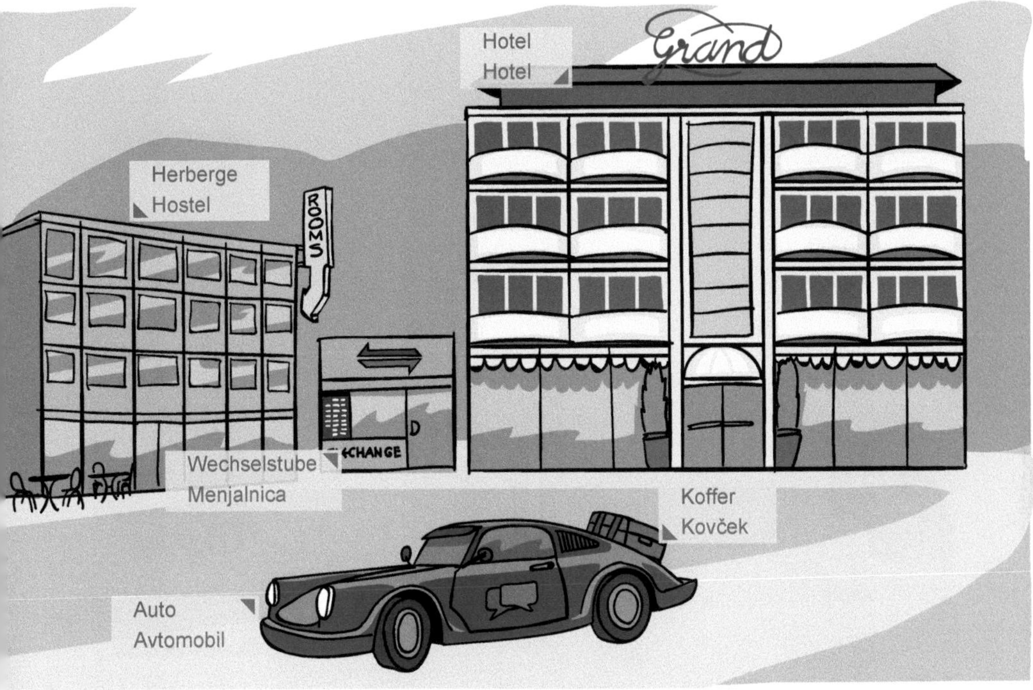

Sprache

Jezik

ja / nein

da / ne

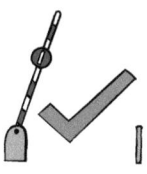

Okay

Prav

Hallo

Pozdravljeni

Übersetzer

Prevajalec

Danke

Hvala

Was kostet...?

Koliko stane...?

Ich verstehe nicht

Ne razumem

Problem

Težava

Guten Abend!

Dober večer!

Guten Morgen!

Dobro jutro!

Gute Nacht!

Lahko noč!

Auf Wiedersehen

Nasvidenje

Richtung

Smer

Gepäck

Prtljaga

Tasche

Torba

Rucksack

Nahrbtnik

Gast

Gost

Zimmer

Soba

Schlafsack

Spalna vreča

Zelt

Šotor

Touristeninformation

Turistične informacije

Strand

Plaža

Kreditkarte

Kreditna kartica

Frühstück

Zajtrk

Mittagessen

Kosilo

Abendessen

Večerja

Fahrkarte

Vozovnica

Fahrstuhl

Dvigalo

Briefmarke

Znamka

Grenze

Meja

Zoll

Carina

Botschaft

Veleposlaništvo

Visum

Vizum

Pass

Potni list

Transport

Prevoz

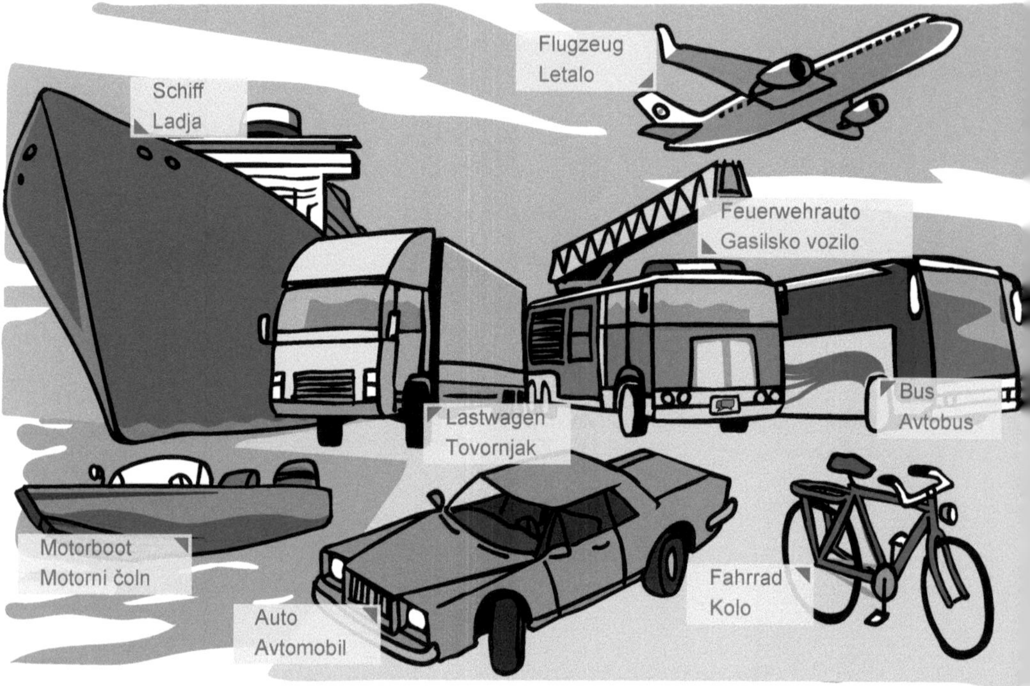
Flugzeug
Letalo
Schiff
Ladja
Feuerwehrauto
Gasilsko vozilo
Lastwagen
Tovornjak
Bus
Avtobus
Motorboot
Motorni čoln
Fahrrad
Kolo
Auto
Avtomobil

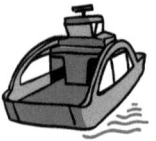

Fähre

Trajekt

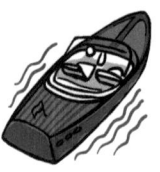

Boot

Čoln

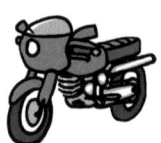

Motorrad

Motorno kolo

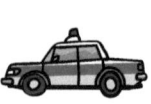

Polizeiauto

Policijski avto

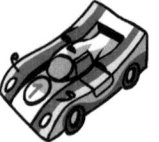

Rennauto

Dirkalni avto

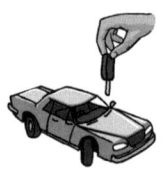

Mietwagen

Najeto vozilo

Carsharing

Souporaba avtomobila

Abschleppwagen

Avtovleka

Müllauto

Smetarsko vozilo

Motor

Motor

Kraftstoff

Gorivo

Tankstelle

Bencinska postaja

Verkehrsschild

Prometni znak

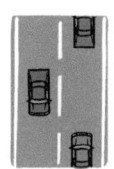

Verkehr

Promet

Stau

Zastoj

Parkplatz

Parkirišče

Bahnhof

Železniška postaja

Schienen

Tirnice

Zug

Vlak

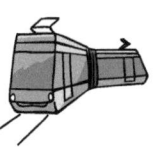

Straßenbahn

Tramvaj

Wagon

Vagon

Helikopter

Helikopter

Flughafen

Letališče

Tower

Stolp

Passagier

Potnik

Container

Kontejner

Karton

Karton

Karren

Voziček

Korb

Košara

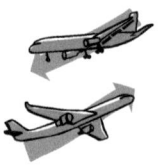

starten / landen

vzleteti / pristati

Stadt
Mesto

Dorf

Vas

Stadtzentrum

Mestno jedro

Haus

Hiša

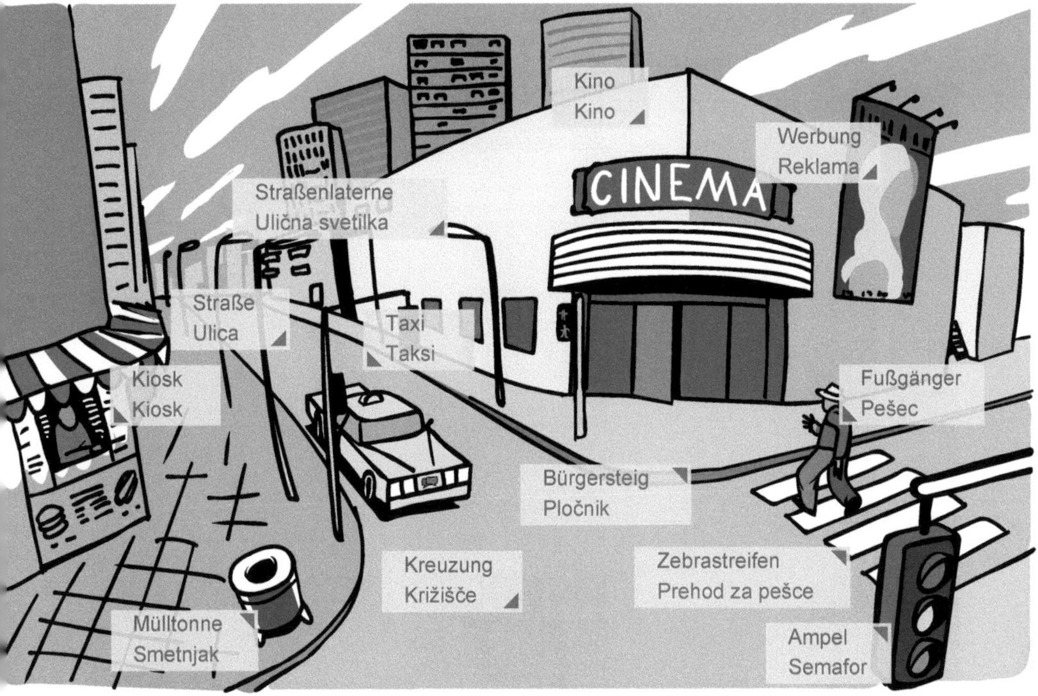

Kino
Kino

Werbung
Reklama

Straßenlaterne
Ulična svetilka

CINEMA

Straße
Ulica

Taxi
Taksi

Fußgänger
Pešec

Kiosk
Kiosk

Bürgersteig
Pločnik

Kreuzung
Križišče

Zebrastreifen
Prehod za pešce

Ampel
Semafor

Mülltonne
Smetnjak

Hütte

Koča

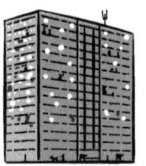

Wohnung

Stanovanje

Bahnhof

Železniška postaja

Rathaus

Mestna hiša

Museum

Muzej

Schule

Šola

Universität

Univerza

Bank

Banka

Krankenhaus

Bolnišnica

Hotel

Hotel

Apotheke

Lekarna

Büro

Pisarna

Buchhandlung

Knjigarna

Geschäft

Trgovina

Blumenladen

Cvetličarna

Supermarkt

Supermarket

Markt

Tržnica

Kaufhaus

Veleblagovnica

Fischhändler

Ribarnica

Einkaufszentrum

Nakupovalno središče

Hafen

Pristanišče

Park
Park

Bank
Klop

Brücke
Most

Treppe
Stopnice

U-Bahn
Podzemna železnica

Tunnel
Predor

Bushaltestelle
Avtobusno postajališče

Bar
Bar

Restaurant
Restavracija

Briefkasten
Poštni nabiralnik

Straßenschild
Ulična tabla

Parkuhr
Parkirna ura

Zoo
Živalski vrt

Badeanstalt
Kopališče

Moschee
Mošeja

Bauernhof

Kmetija

Umweltverschmutzung

Onesnaževanje

Friedhof

Pokopališče

Kirche

Cerkev

Spielplatz

Otroško igrišče

Tempel

Tempelj

Landschaft

Pokrajina

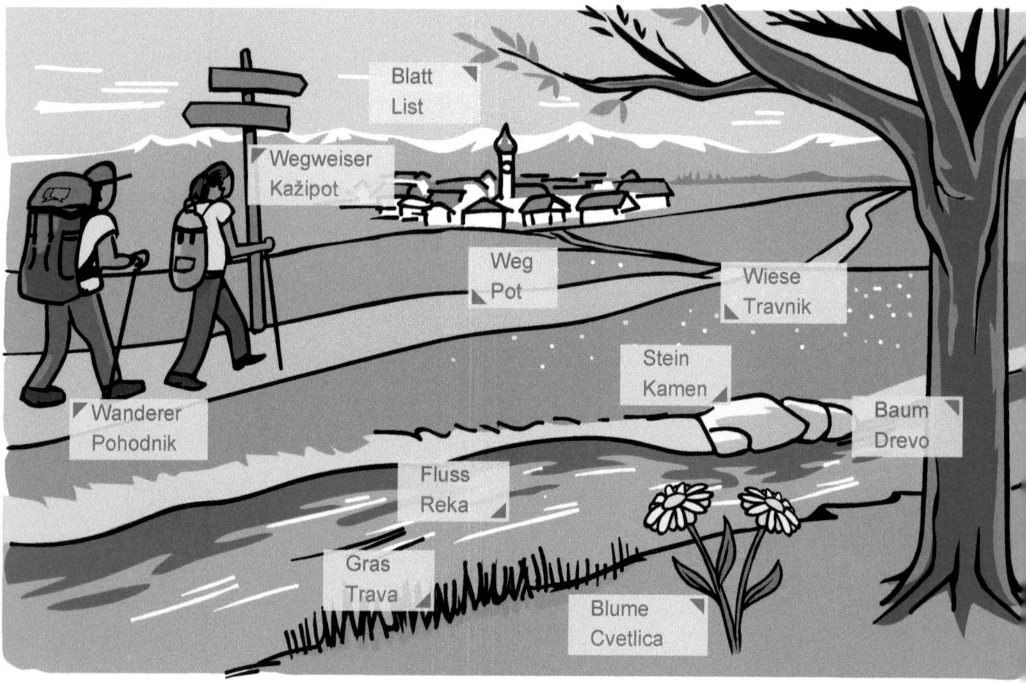

Blatt
List

Wegweiser
Kažipot

Weg
Pot

Wiese
Travnik

Stein
Kamen

Wanderer
Pohodnik

Baum
Drevo

Fluss
Reka

Gras
Trava

Blume
Cvetlica

Tal

Dolina

Berg

Hrib

See

Jezero

Wald

Gozd

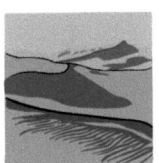

Wüste

Puščava

Vulkan

Vulkan

Schloss

Grad

Regenbogen

Mavrica

Pilz

Goba

Palme

Palma

Moskito

Komar

Fliege

Muha

Ameise

Mravlja

Biene

Čebela

Spinne

Pajek

Käfer

Hrošč

Frosch

Žaba

Eichhörnchen

Veverica

Igel

Jež

Hase

Zajec

Eule

Sova

Vogel

Ptič

Schwan

Labod

Wildschwein

Divji prašič

Hirsch

Jelen

Elch

Los

Staudamm

Jez

Windrad

Vetrnica

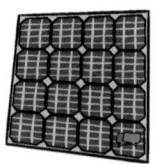

Solarmodul

Solarna plošča

Klima

Podnebje

Restaurant
Restavracija

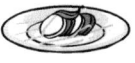

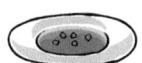

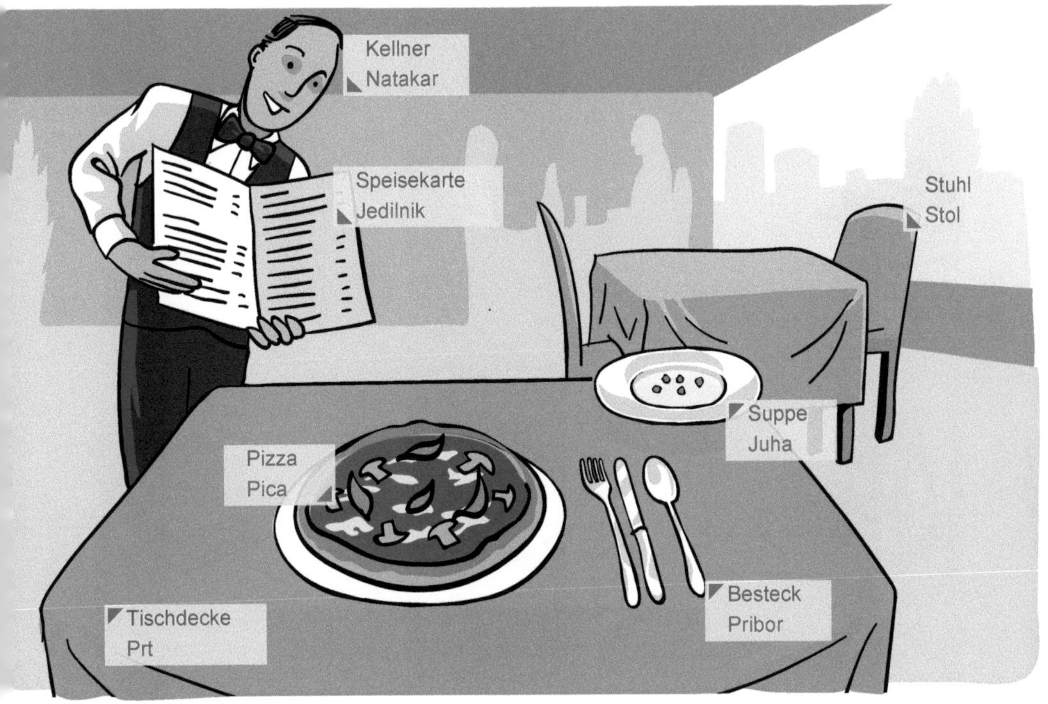
Kellner
Natakar
Speisekarte
Jedilnik
Stuhl
Stol
Suppe
Juha
Pizza
Pica
Besteck
Pribor
Tischdecke
Prt

Vorspeise
....
Predjed

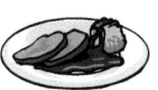

Hauptgericht
....
Glavna jed

Nachspeise
....
Sladica

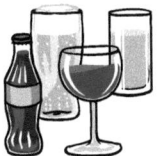

Getränke
....
Pijače

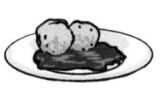

Essen
....
Hrana

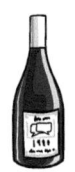

Flasche
....
Steklenica

Fastfood

Hitra hrana

Streetfood

Ulična hrana

Teekanne

Čajnik

Zuckerdose

Sladkornica

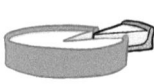

Portion

Porcija

Espressomaschine

Aparat za espresso

Hochstuhl

Stolček za hranjenje

Rechnung

Račun

Tablett

Pladenj

Messer

Nož

Gabel

Vilica

Löffel

Žlica

Teelöffel

Čajna žlička

Serviette

Servieta

Glas

Kozarec

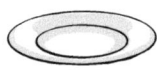

Teller
Krožnik

Suppenteller
Globoki krožnik

Untertasse
Krožniček

Sauce
Omaka

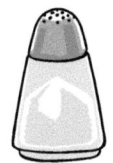

Salzstreuer
Solnica

Pfeffermühle
Mlinček za poper

Essig
Kis

Öl
Olje

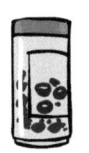

Gewürze
Začimbe

Ketchup
Kečap

Senf
Gorčica

Mayonnaise
Majoneza

Supermarkt
Supermarket

Angebot
Posebna ponudba
FOR
Kunde
Stranka
Milchprodukte
Mlečni izdelki
Obst
Sadje
Einkaufswagen
Nakupovalni voziček

BUTCHERS

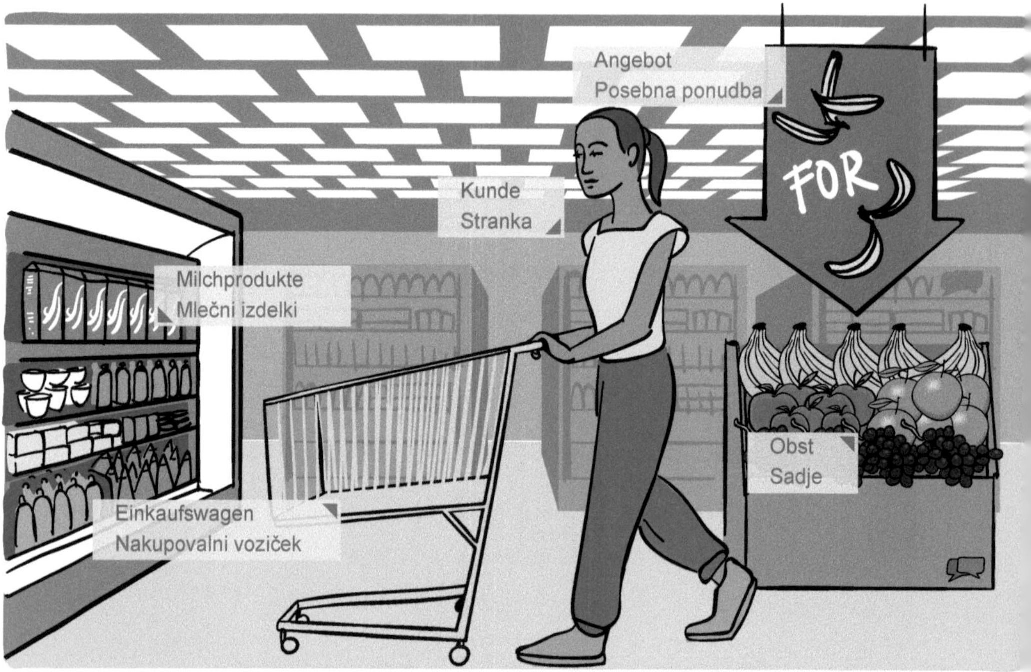

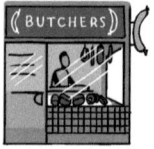

Schlachterei
....
Mesnica

BAKERY

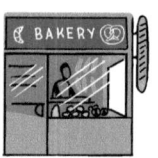

Bäckerei
....
Pekarna

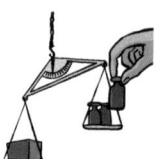

wiegen
....
Tehtati

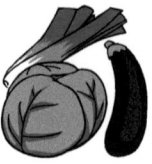

Gemüse
....
Zelenjava

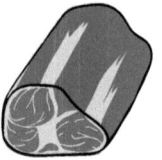

Fleisch
....
Meso

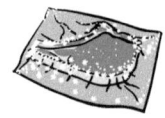

Tiefkühlkost
....
Zamrznjena hrana

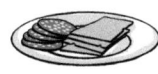

Aufschnitt

Hladne mesnine

Konserven

Konzerve

Waschmittel

Pralni prašek

Süßigkeiten

Sladkarije

Haushaltsartikel

Gospodinjski izdelki

Reinigungsmittel

Čistilno sredstvo

Verkäuferin

Prodajalka

Kasse

Blagajna

Kassierer

Blagajnik

Einkaufsliste

Nakupovalni seznam

Öffnungszeiten

Delovni čas

Brieftasche

Denarnica

Kreditkarte

Kreditna kartica

Tasche

Torba

Plastiktüte

Plastična vrečka

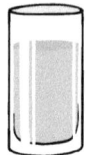

Wasser

Voda

Saft

Sok

Milch

Mleko

Cola

Kola

Wein

Vino

Bier

Pivo

Alkohol

Alkohol

Kakao

Kakav

Tee

Čaj

Kaffee

Kava

Espresso

Espresso

Cappuccino

Kapučino

Banane

Banana

Apfel

Jabolko

Orange

Pomaranča

Melone

Lubenica

Zitrone

Limona

Karotte

Korenje

Knoblauch

Česen

Bambus

Bambus

Zwiebel

Čebula

Pilz

Goba

Nüsse

Oreščki

Nudeln

Rezanci

Spaghetti

Špageti

Reis

Riž

Salat

Solata

Pommes frites

Ocvrt krompirček

Bratkartoffeln

Pečen krompir

Pizza

Pica

Hamburger

Hamburger

Sandwich

Sendvič

Schnitzel

Zrezek

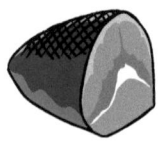

Schinken

Šunka

Salami

Salama

Wurst

Klobasa

Huhn

Piščanec

Braten

Pečenka

Fisch

Riba

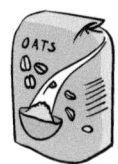		
Haferflocken	Müsli	Cornflakes
Ovseni kosmiči	Musli	Koruzni kosmiči

Mehl	Croissant	Brötchen
Moka	Rogljiček	Žemlja

Brot	Toast	Kekse
Kruh	Prepečenec	Piškoti

Butter	Quark	Kuchen
Maslo	Skuta	Torta
		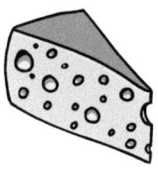
Ei	Spiegelei	Käse
Jajce	Pečeno jajce na oko	Sir

Eiscreme

Sladoled

Zucker

Sladkor

Honig

Med

Marmelade

Marmelada

Nougat-Creme

Čokoladni namaz

Curry

Kari

Bauernhof
Kmetija

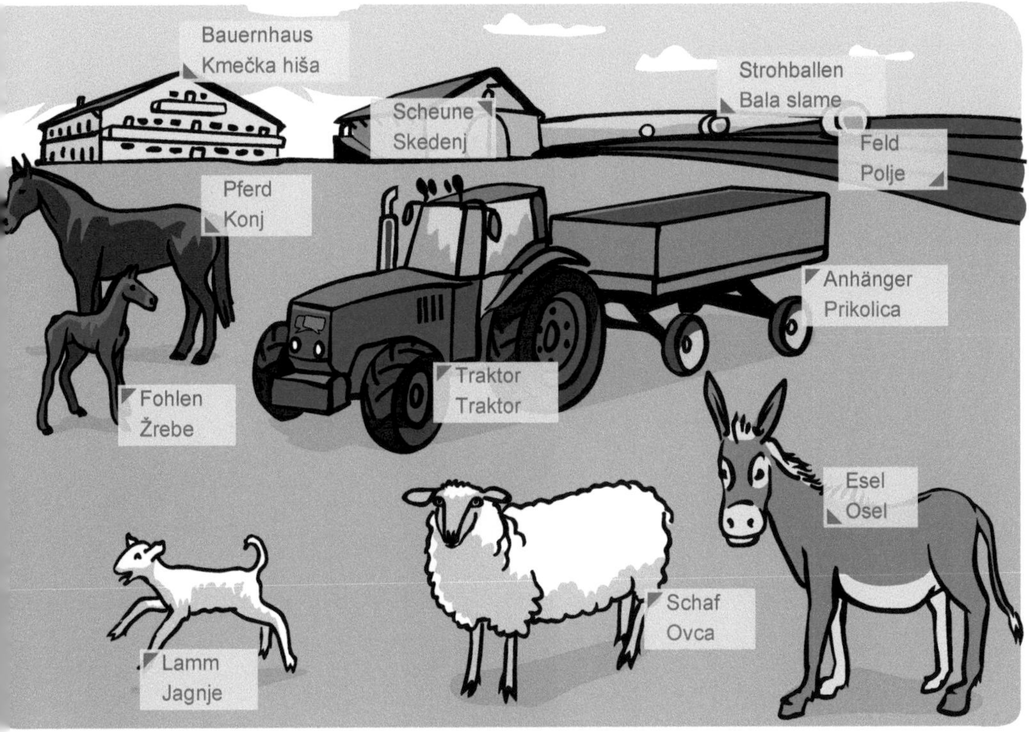

Bauernhaus
Kmečka hiša
Scheune
Skedenj
Strohballen
Bala slame
Feld
Polje
Pferd
Konj
Anhänger
Prikolica
Traktor
Traktor
Fohlen
Žrebe
Esel
Osel
Schaf
Ovca
Lamm
Jagnje

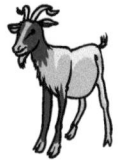

Ziege
Koza

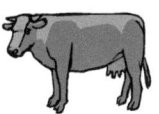

Kuh
Krava

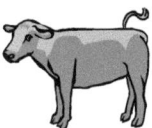

Kalb
Tele

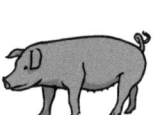

Schwein
Prašič

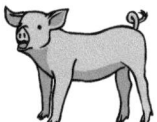

Ferkel
Pujsek

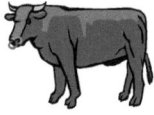

Bulle
Bik

Gans

Gos

Ente

Raca

Küken

Piščanec

Huhn

Kokoš

Hahn

Petelin

Ratte

Podgana

Katze

Mačka

Maus

Miš

Ochse

Vol

Hund

Pes

Hundehütte

Pasja uta

Gartenschlauch

Cev za zalivanje

Gießkanne

Kangla za zalivanje

Sense

Kosa

Pflug

Plug

Sichel
Srp

Hacke
Motika

Mistgabel
Vile

Axt
Sekira

Schubkarre
Samokolnica

Trog
Korito

Milchkanne
Kangla za mleko

Sack
Vreča

Zaun
Ograja

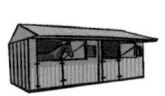

Stall
Hlev

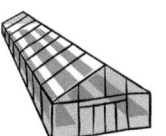

Treibhaus
Rastlinjak

Boden
Prst

Saat
Seme

Dünger
Gnojilo

Mähdrescher
Kombajn

ernten

Žeti

Ernte

Žetev

Yamswurzel

Jam

Weizen

Pšenica

Soja

Soja

Kartoffel

Krompir

Mais

Koruza

Raps

Oljna ogrščica

Obstbaum

Sadno drevo

Maniok

Maniok

Getreide

Žito

Haus
Hiša

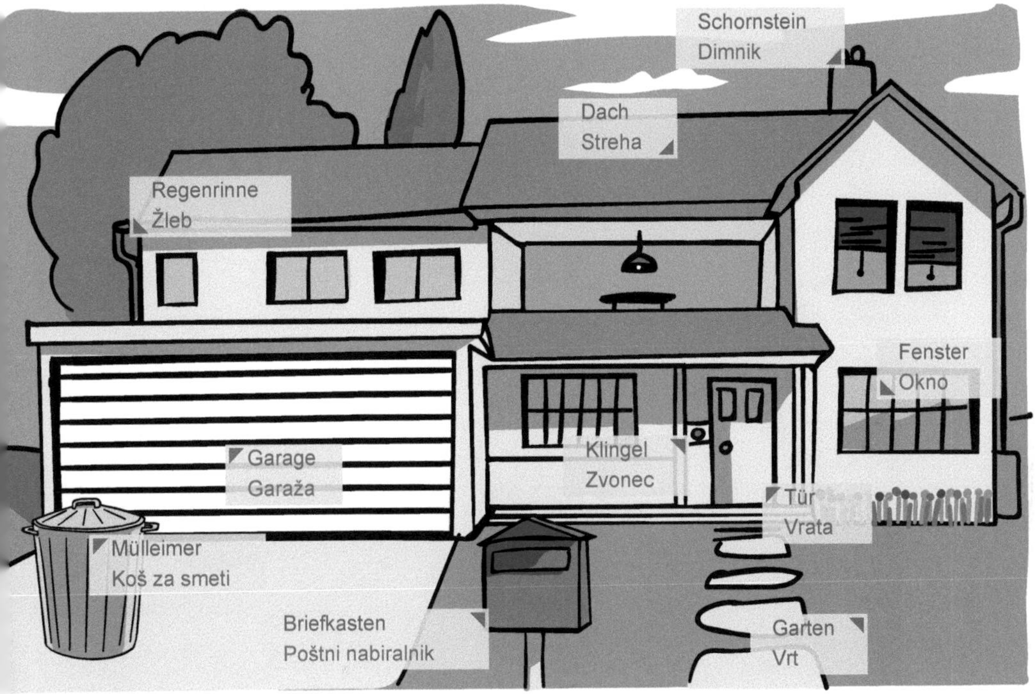
Schornstein
Dimnik
Dach
Streha
Regenrinne
Žleb
Fenster
Okno
Klingel
Zvonec
Garage
Garaža
Tür
Vrata
Mülleimer
Koš za smeti
Briefkasten
Poštni nabiralnik
Garten
Vrt

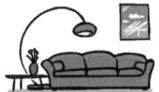

Wohnzimmer

Dnevna soba

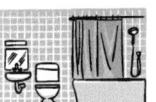

Badezimmer

Kopalnica

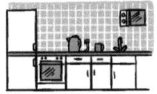

Küche

Kuhinja

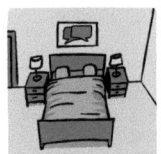

Schlafzimmer

Spalnica

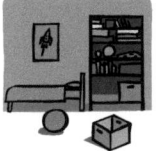

Kinderzimmer

Otroška soba

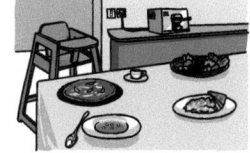

Esszimmer

Jedilnica

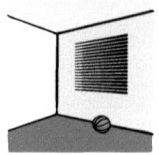

Boden
Tla

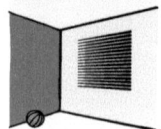

Wand
Stena

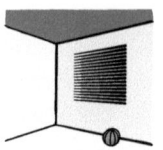

Decke
Strop

Keller
Klet

Sauna
Savna

Balkon
Balkon

Terrasse
Terasa

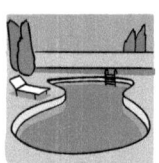

Schwimmbad
Bazen

Rasenmäher
Kosilnica

Bettbezug
Rjuha

Bettdecke
Posteljno pregrinjalo

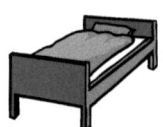

Bett
Postelja

Besen
Metla

Eimer
Vedro

Schalter
Stikalo

Wohnzimmer
Dnevna soba

Tapete
Tapeta
Bild
Slika
Lampe
Svetilka
Regal
Polica
Schrank
Omara
Fernseher
Televizor
Kamin
Kamin
Blume
Cvetlica
Kissen
Blazina
Sofa
Zofa
Vase
Vaza
Fernbedienung
Daljinski upravljalnik

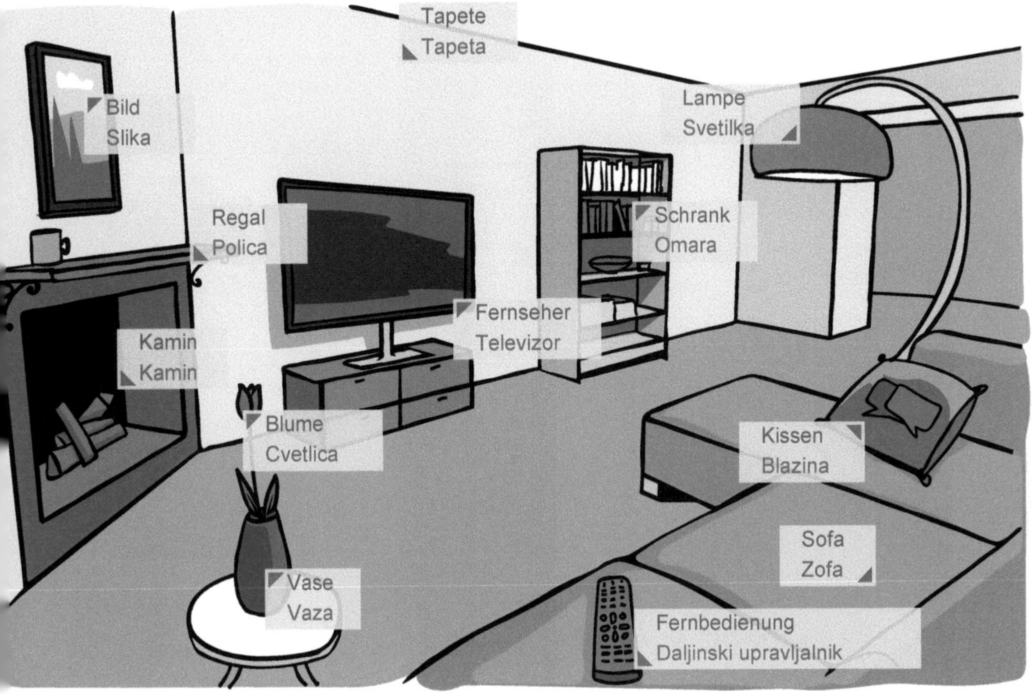

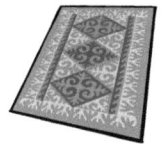

Teppich
Preproga

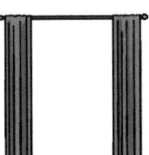

Vorhang
Zavesa

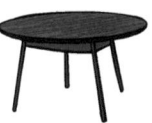

Tisch
Miza

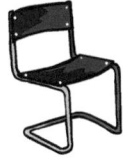

Stuhl
Stol

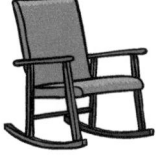

Schaukelstuhl
Gugalnik

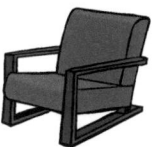

Sessel
Naslanjač

Buch

Knjiga

Decke

Odeja

Dekoration

Dekoracija

Feuerholz

Drva

Film

Film

Stereoanlage

Glasbeni stolp

Schlüssel

Ključ

Zeitung

Časopis

Gemälde

Slika

Poster

Plakat

Radio

Radio

Notizblock

Beležka

Staubsauger

Sesalnik

Kaktus

Kaktus

Kerze

Sveča

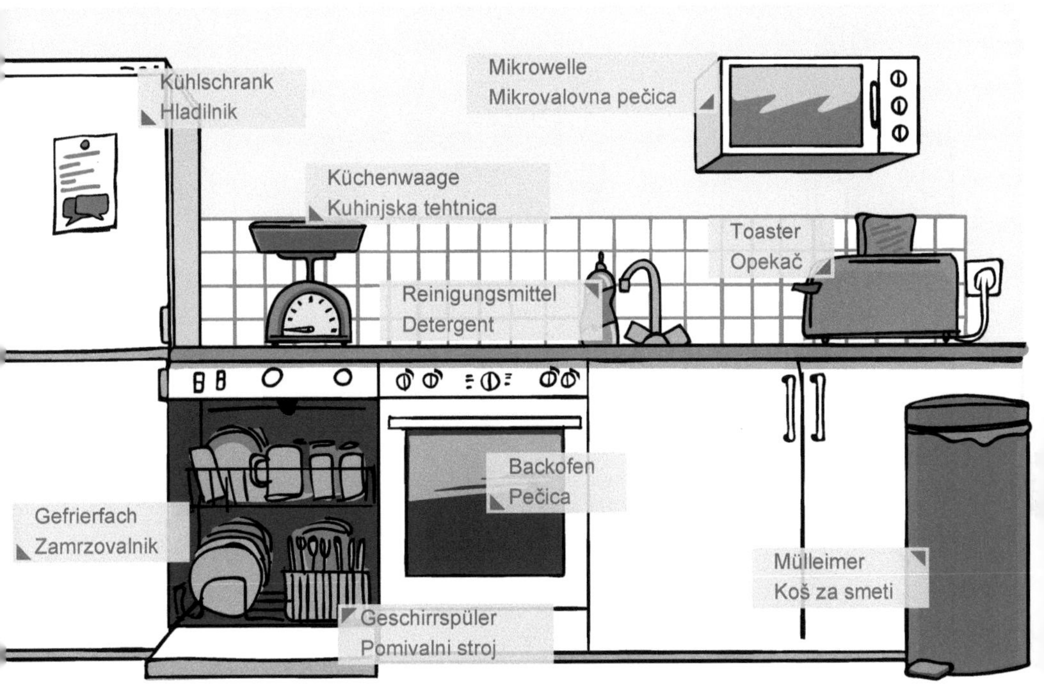

Kühlschrank
Hladilnik

Mikrowelle
Mikrovalovna pečica

Küchenwaage
Kuhinjska tehtnica

Toaster
Opekač

Reinigungsmittel
Detergent

Backofen
Pečica

Gefrierfach
Zamrzovalnik

Mülleimer
Koš za smeti

Geschirrspüler
Pomivalni stroj

Herd

Kozica

Topf

Lonec

Eisentopf

Litoželezni lonec

Wok / Kadai

Vok / kadai

Pfanne

Ponev

Wasserkocher

Kotliček

Dampfgarer

Parni kuhalnik

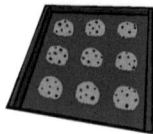

Backblech

Pekač

Geschirr

Posoda

Becher

Skodelica

Schale

Skleda

Essstäbchen

Jedilne paličice

Suppenkelle

Zajemalka

Pfannenwender

Lopatica

Schneebesen

Metlica

Kochsieb

Cedilnik

Sieb

Cedilo

Reibe

Strgalo

Mörser

Možnar

Grill

Žar

Feuerstelle

Ognjišče

Schneidebrett

Deska za rezanje

Nudelholz

Valjar

Korkenzieher

Odpirač za steklenice

Dose

Pločevinka

Dosenöffner

Odpirač za konzerve

Topflappen

Prijemalka za posodo

Waschbecken

Korito

Bürste

Ščetka

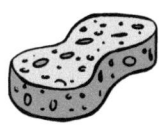

Schwamm

Goba

Mixer

Mešalnik

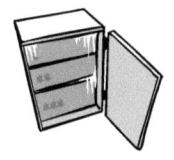

Gefriertruhe

Zamrzovalna skrinja

Babyflasche

Steklenička

Wasserhahn

Pipa

Badezimmer
Kopalnica

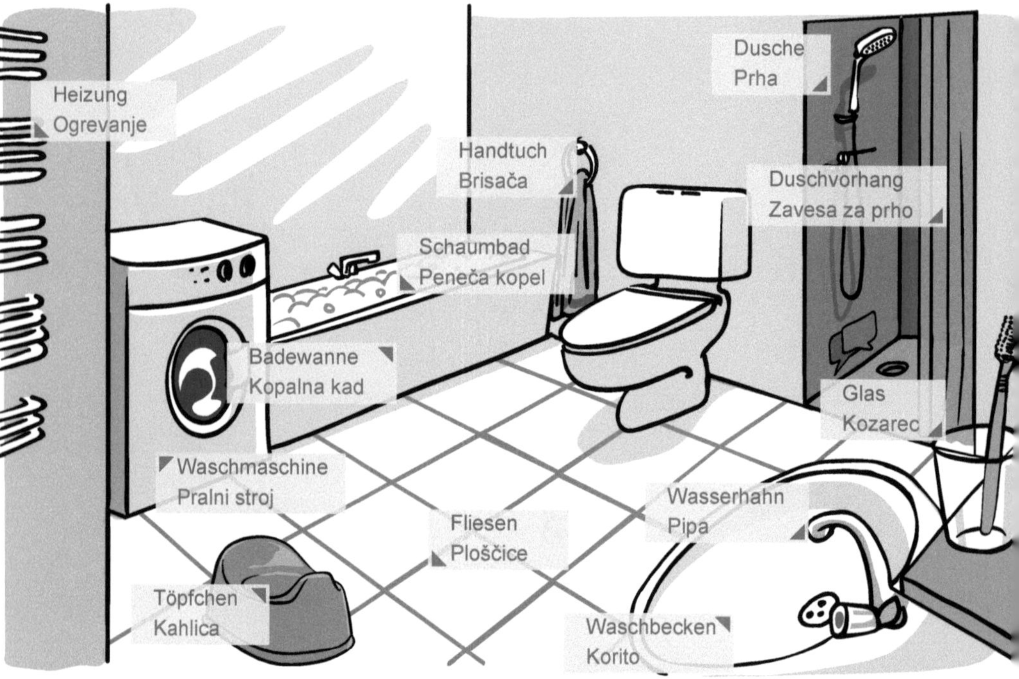

Heizung
Ogrevanje
Handtuch
Brisača
Dusche
Prha
Duschvorhang
Zavesa za prho
Schaumbad
Peneča kopel
Badewanne
Kopalna kad
Glas
Kozarec
Waschmaschine
Pralni stroj
Wasserhahn
Pipa
Fliesen
Ploščice
Töpfchen
Kahlica
Waschbecken
Korito

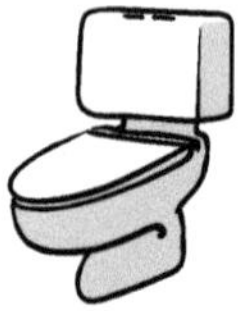

Toilette

Stranišče

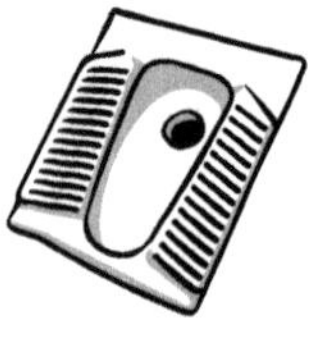

Hocktoilette

Stranišče na počep

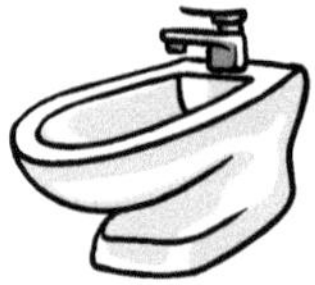

Bidet

Bide

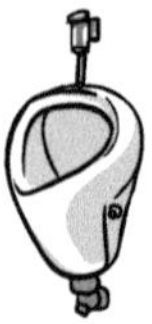

Pissoir

Pisoar

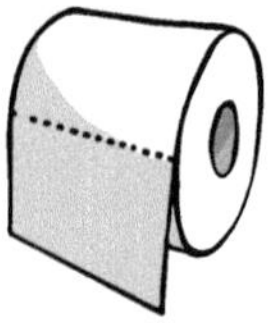

Toilettenpapier

Toaletni papir

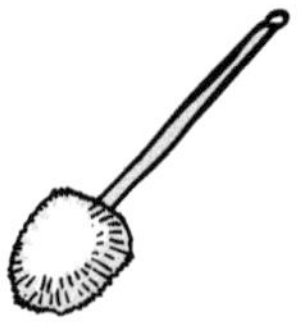

Toilettenbürste

Ščetka za straniščno školjko

Zahnbürste

Zobna ščetka

Zahnpasta

Zobna pasta

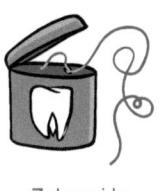

Zahnseide

Zobna nitka

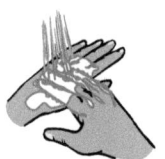

waschen

Umiti se

Handbrause

Ročna prha

Intimdusche

Prha za intimne dele

Waschschüssel

Umivalnik

Rückenbürste

Krtača za hrbet

Seife

Milo

Duschgel

Gel za prhanje

Shampoo

Šampon

Waschlappen

Krpica za miljenje

Abfluss

Odtok

Creme

Krema

Deodorant

Deodorant

Spiegel

Ogledalo

Kosmetikspiegel

Ročno ogledalo

Rasierer

Britvica

Rasierschaum

Pena za britje

Rasierwasser

Vodica po britju

Kamm

Glavnik

Bürste

Ščetka

Föhn

Sušilnik za lase

Haarspray

Lak za lase

Makeup

Ličila

Lippenstift

Šminka

Nagellack

Lak za nohte

Watte

Vatirane blazinice

Nagelschere

Škarjice za nohte

Parfum

Parfum

Kulturbeutel

Toaletna torbica

Hocker

Stol brez naslonjala

Waage

Osebna tehtnica

Bademantel

Kopalni plašč

Gummihandschuhe

Gumijaste rokavice

Tampon

Tampon

Damenbinde

Damski vložki

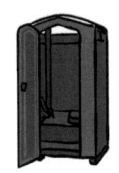

Chemietoilette

Kemično stranišče

Kinderzimmer
Otroška soba

Wecker
Budilka
Kuscheltier
Plišasta igrača
Spielzeugauto
Avtomobilček
Rassel
Ropotuljica
Puppenhaus
Hiška za punčke
Geschenk
Darilo

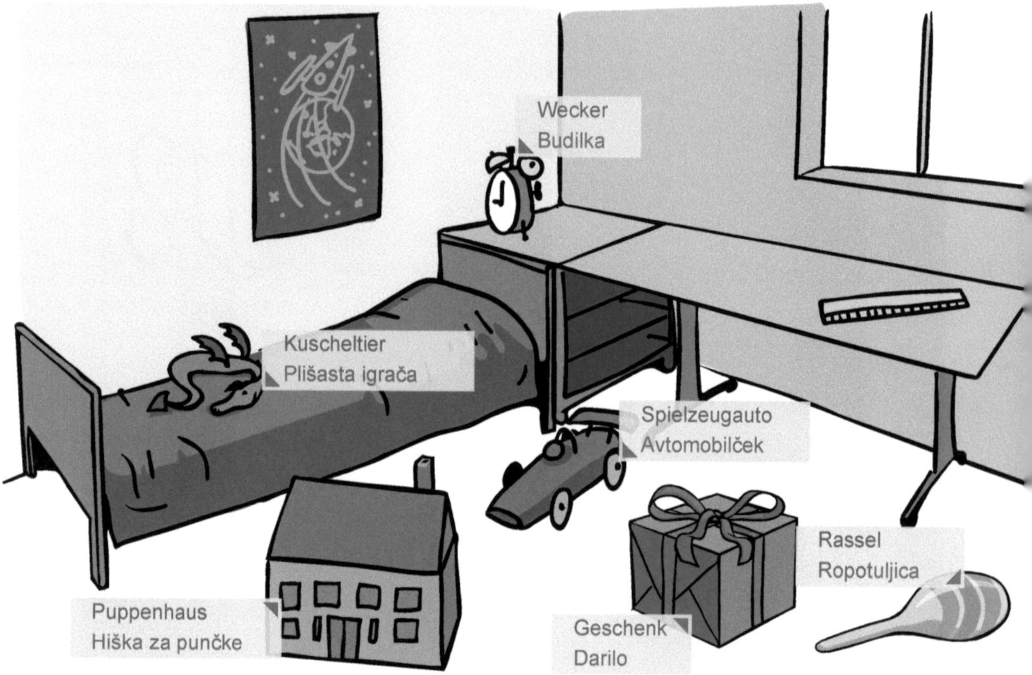

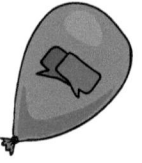

Ballon

Balon

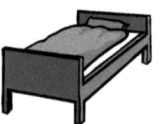

Bett

Postelja

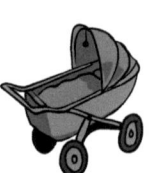

Kinderwagen

Otroški voziček

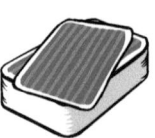

Kartenspiel

Igralne karte

Puzzle

Sestavljanka

SUPER
MEGA

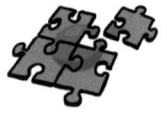

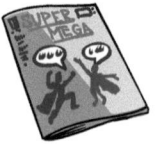

Comic

Strip

Legosteine

Lego kocke

Bausteine

Igralne kocke

Action Figur

Akcijska figura

Strampelanzug

Bodi

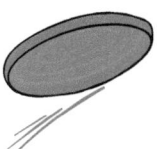

Frisbee

Frizbi

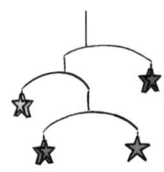

Mobile

Vrtiljak za posteljico

Brettspiel

Namizna igra

Würfel

Kocka

Modelleisenbahn

Komplet modelov vlakov

Schnuller

Duda

Party

Zabava

Bilderbuch

Slikanica

Ball

Žoga

Puppe

Lutka

spielen

Igrati se

Sandkasten

Peskovnik

Schaukel

Gugalnica

Spielzeug

Igrače

Spielkonsole

Igralna konzola

Dreirad

Tricikel

Teddy

Plišasti medvedek

Kleiderschrank

Garderoba

Kleidung
Oblačilo

Socken

Nogavice

Strümpfe

Samostoječe nogavice

Strumpfhose

Hlačne nogavice

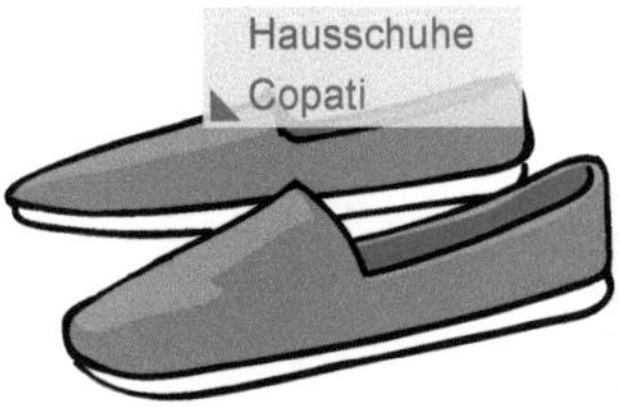

Schal
Šal

Regenschirm
Dežnik

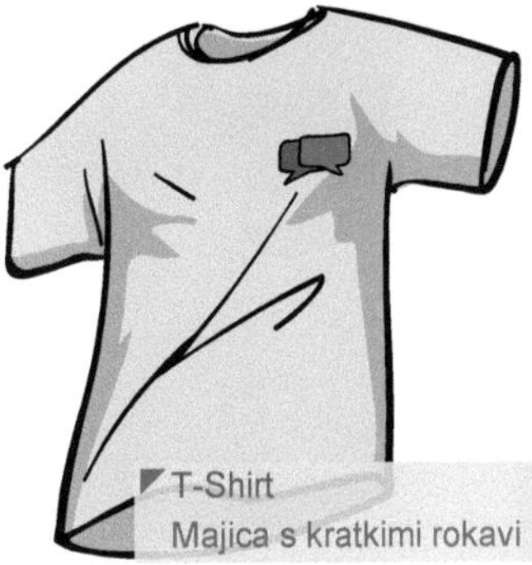

T-Shirt
Majica s kratkimi rokavi

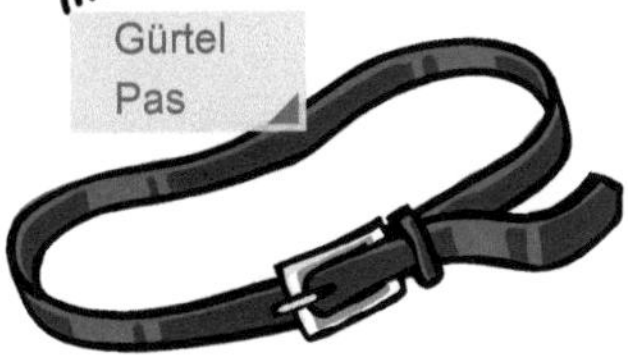

Gürtel
Pas

Stiefel
Škornji

Hausschuhe
Copati

Turnschuhe
Športni copati

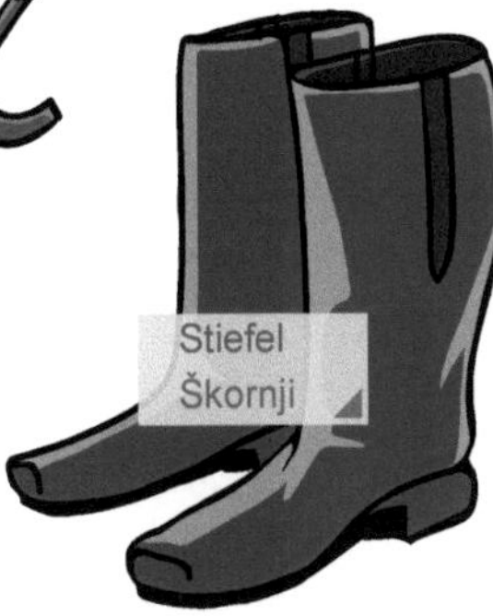

Sandalen
Sandali

Schuhe
Čevlji

Gummistiefel
Gumijasti škornji

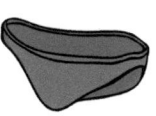

Unterhose
Spodnje hlače

Büstenhalter
Modrček

Unterhemd
Telovnik

Body

Bodi

Hose

Hlače

Jeans

Kavbojke

Rock

Krilo

Bluse

Bluza

Hemd

Srajca

Pullover

Pulover

Kapuzenpullover

Pletena jopica

Blazer

Jopa

Jacke

Jakna

Mantel

Plašč

Regenmantel

Dežni plašč

Kostüm

Kostim

Kleid

Obleka

Hochzeitskleid

Poročna obleka

Anzug

Obleka

Nachthemd

Spalna srajca

Schlafanzug

Pižama

Sari

Sari

Kopftuch

Naglavna ruta

Turban

Turban

Burka

Burka

Kaftan

Kaftan

Abaya

Abaja

Badeanzug

Kopalke

Badehose

Kopalne hlače

Kurze Hose

Kratke hlače

Trainingsanzug

Trenirka

Schürze

Predpasnik

Handschuhe

Rokavice

Knopf

Gumb

Brille

Očala

Armband

Zapestnica

Halskette

Verižica

Ring

Prstan

Ohrring

Uhan

Mütze

Kapa

Kleiderbügel

Obešalnik

Hut

Klobuk

Krawatte

Kravata

Reißverschluss

Zadrga

Helm

Čelada

Hosenträger

Naramnice

Schuluniform

Šolska uniforma

Uniform

Uniforma

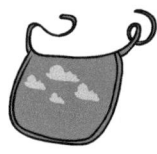

Lätzchen

Slinček

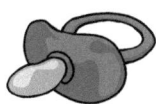

Schnuller

Duda

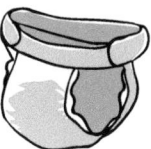

Windel

Plenica

Büro

Pisarna

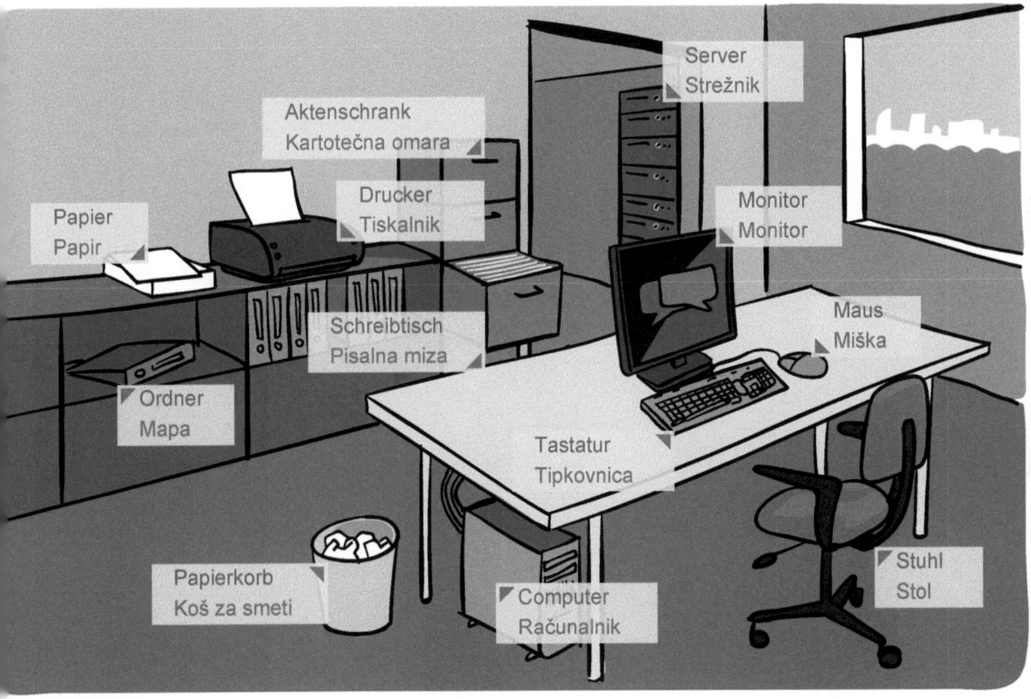

Server
Strežnik
Aktenschrank
Kartotečna omara
Drucker
Tiskalnik
Papier
Papir
Monitor
Monitor
Maus
Miška
Schreibtisch
Pisalna miza
Ordner
Mapa
Tastatur
Tipkovnica
Stuhl
Stol
Papierkorb
Koš za smeti
Computer
Računalnik

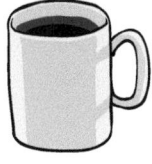

Kaffeebecher

Lonček za kavo

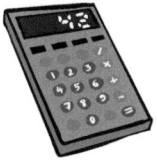

Taschenrechner

Kalkulator

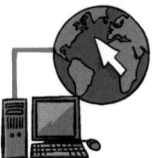

Internet

Internet

Laptop

Prenosnik

Brief

Pismo

Nachricht

Sporočilo

Handy

Mobilnik

Netzwerk

Omrežje

Kopierer

Kopirni stroj

Software

Programska oprema

Telefon

Telefon

Steckdose

Vtičnica

Fax

Telefaks

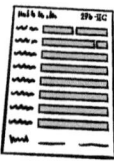

Formular

Obrazec

Dokument

Dokument

kaufen

Kupiti

bezahlen

Plačati

handeln

Trgovati

Geld

Denar

Dollar

Dolar

Euro

Evro

Yen

Jen

Rubel

Rubelj

Franken

Švičarski frank

Renminbi Yuan

Kitajski juan renminbi

Rupie

Rupija

Geldautomat

Bankomat

Wechselstube

Menjalnica

Gold

Zlato

Silber

Srebro

Öl

Nafta

Energie

Energija

Preis

Cena

Vertrag

Pogodba

Steuer

Davek

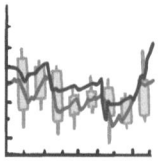

Aktie

Delnice

arbeiten

Delati

Angestellter

Delojemalec

Arbeitgeber

Delodajalec

Fabrik

Tovarna

Geschäft

Trgovina

Berufe
Poklici

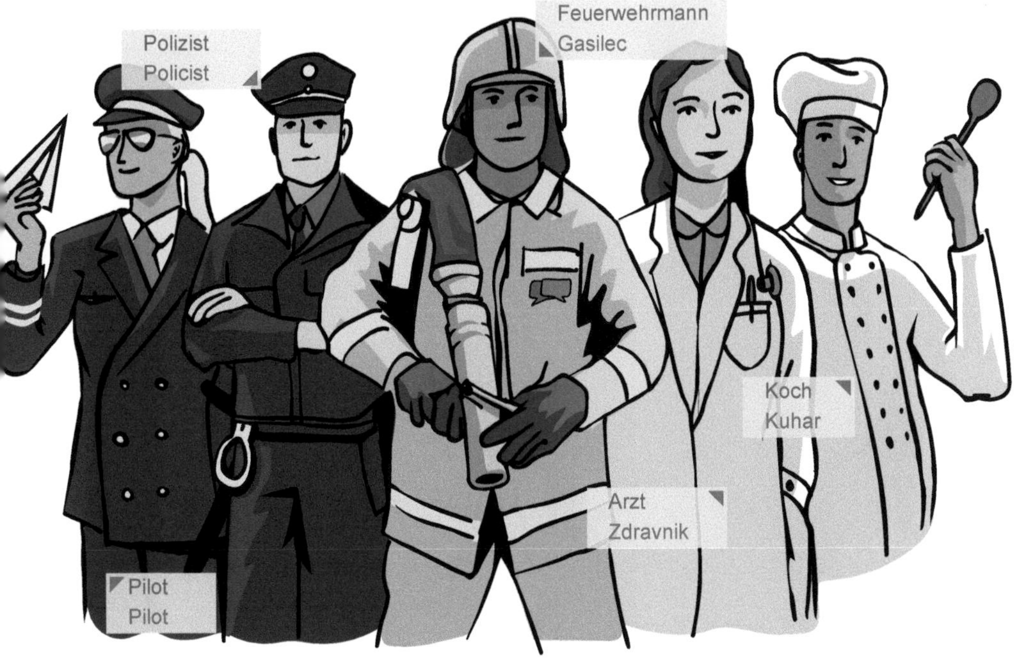

Polizist
Policist
Feuerwehrmann
Gasilec
Koch
Kuhar
Arzt
Zdravnik
Pilot
Pilot

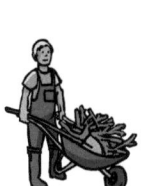

Gärtner

Vrtnar

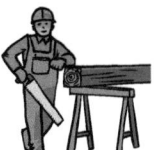

Tischler

Mizar

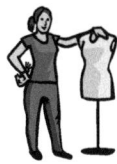

Näherin

Šivilja

Richter

Sodnik

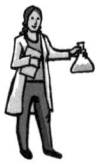

Chemiker

Kemik

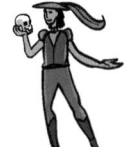

Schauspieler

Igralec

Busfahrer

Voznik avtobusa

Taxifahrer

Taksist

Fischer

Ribič

Putzfrau

Čistilka

Dachdecker

Krovec

Kellner

Natakar

Jäger

Lovec

Maler

Pleskar

Bäcker

Pek

Elektriker

Električar

Bauarbeiter

Gradbenik

Ingenieur

Inženir

Schlachter

Mesar

Klempner

Vodovodni inštalater

Postbote

Poštar

Soldat

Vojak

Architekt

Arhitekt

Kassierer

Blagajnik

Florist

Cvetličar

Friseur

Frizer

Schaffner

Sprevodnik

Mechaniker

Mehanik

Kapitän

Kapitan

Zahnarzt

Zobozdravnik

Wissenschaftler

Znanstvenik

Rabbi

Rabin

Imam

Imam

Mönch

Menih

Geistlicher

Duhovnik

Werkzeuge
Orodje

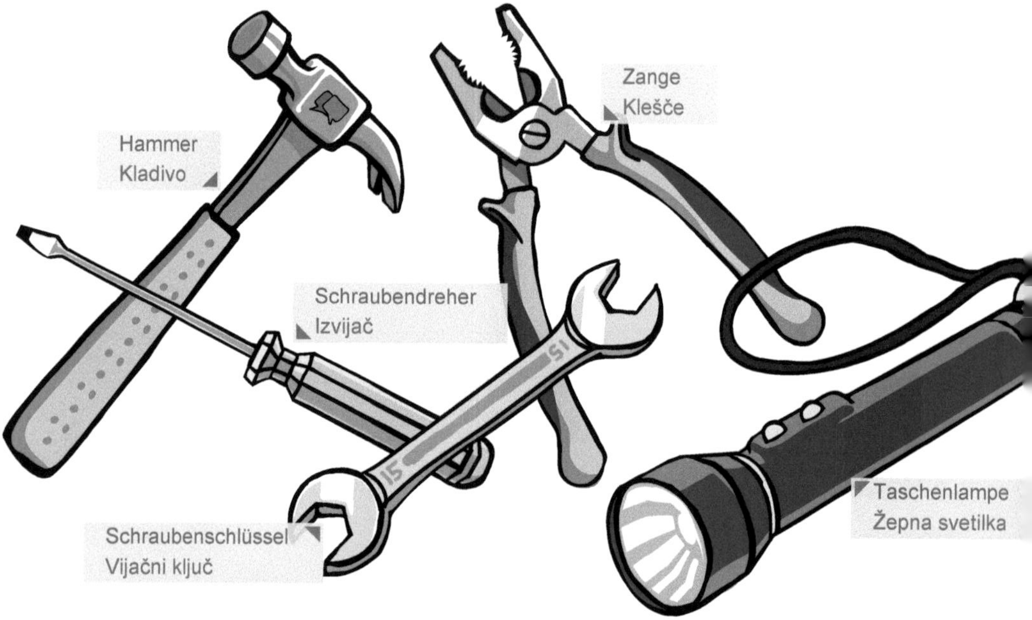
Hammer
Kladivo
Zange
Klešče
Schraubendreher
Izvijač
Schraubenschlüssel
Vijačni ključ
Taschenlampe
Žepna svetilka

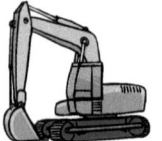

Bagger

Bager

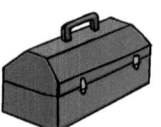

Werkzeugkasten

Zaboj z orodjem

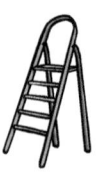

Leiter

Lestev

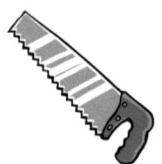

Säge

Žaga

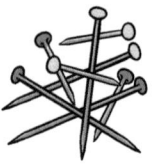

Nägel

Žeblji

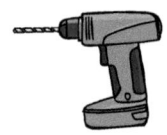

Bohrer

Vrtalnik

reparieren

Popraviti

Schaufel

Lopata

Mist!

Šment!

Kehrblech

Smetišnica

Farbtopf

Posoda z barvo

Schrauben

Vijaki

Musikinstrumente
Glasbeni instrument

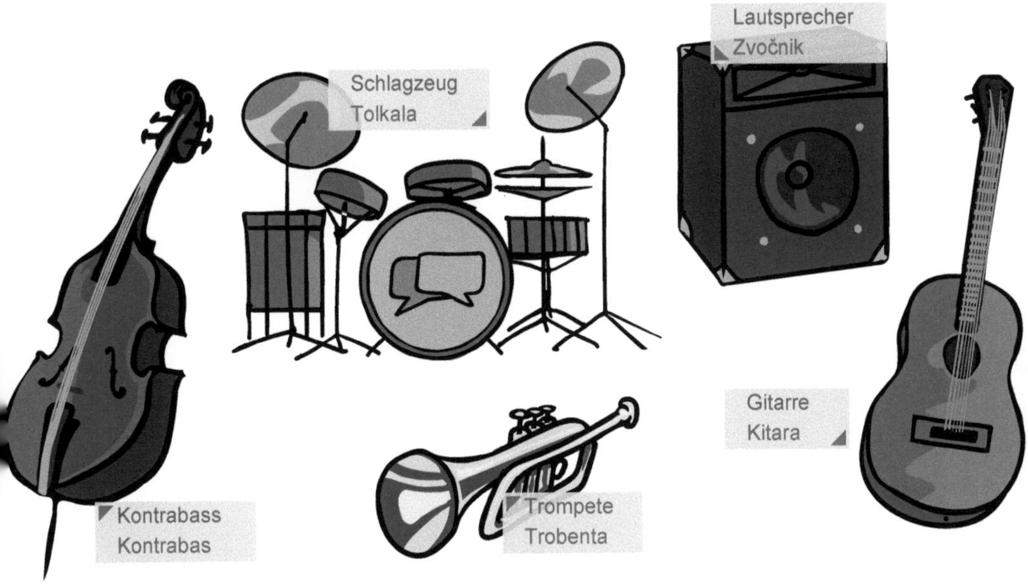

Schlagzeug
Tolkala

Lautsprecher
Zvočnik

Gitarre
Kitara

Kontrabass
Kontrabas

Trompete
Trobenta

Klavier

Klavir

Violine

Violina

Bass

Bas kitara

Pauke

Pavke

Trommeln

Bobni

Keyboard

Sintetizator

Saxophon

Saksofon

Flöte

Flavta

Mikrofon

Mikrofon

Zoo
Živalski vrt

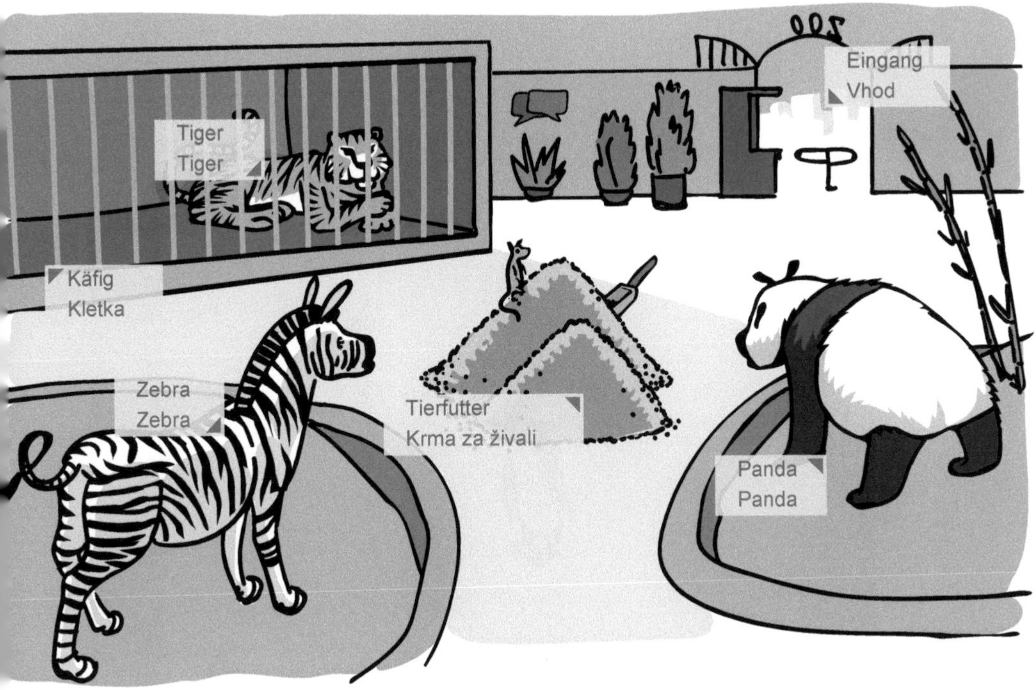
Zoo
Eingang
Vhod
Tiger
Tiger
Käfig
Kletka
Zebra
Zebra
Tierfutter
Krma za živali
Panda
Panda

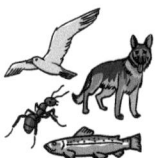

Tiere
Živali

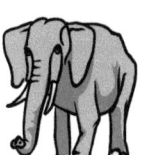

Elefant
Slon

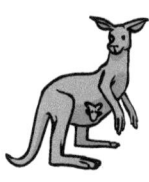

Känguru
Kenguru

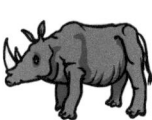

Nashorn
Nosorog

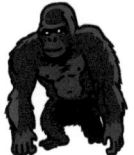

Gorilla
Gorila

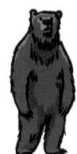

Bär
Medved

Kamel

Kamela

Strauß

Noj

Löwe

Lev

Affe

Opica

Flamingo

Plamenec

Papagei

Papagaj

Eisbär

Severni medved

Pinguin

Pingvin

Hai

Morski pes

Pfau

Pav

Schlange

Kača

Krokodil

Krokodil

Zoowärter

Oskrbnik v živalskem vrtu

Robbe

Tjulenj

Jaguar

Jaguar

Pony
Poni

Leopard
Leopard

Nilpferd
Povodni konj

Giraffe
Žirafa

Adler
Orel

Wildschwein
Divji prašič

Fisch
Riba

Schildkröte
Želva

Walross
Mrož

Fuchs
Lisica

Gazelle
Gazela

American Football
Ameriški nogomet

Radfahren
Kolesarjenje

Tennis
Tenis

Basketball
Košarka

Schwimmen
Plavanje

Boxen
Boks

Eishockey
Hokej

Fußball
Nogomet

Badminton
Badminton

Leichtathletik
Atletika

Handball
Rokomet

Skilaufen
Smučanje

Polo
Polo

Aktivitäten
Dejavnosti

lachen
Smejati se
springen
Skočiti
umarmen
Objeti
gehen
Hoditi
singen
Peti
träumen
Sanjati
beten
Moliti
küssen
Poljubiti

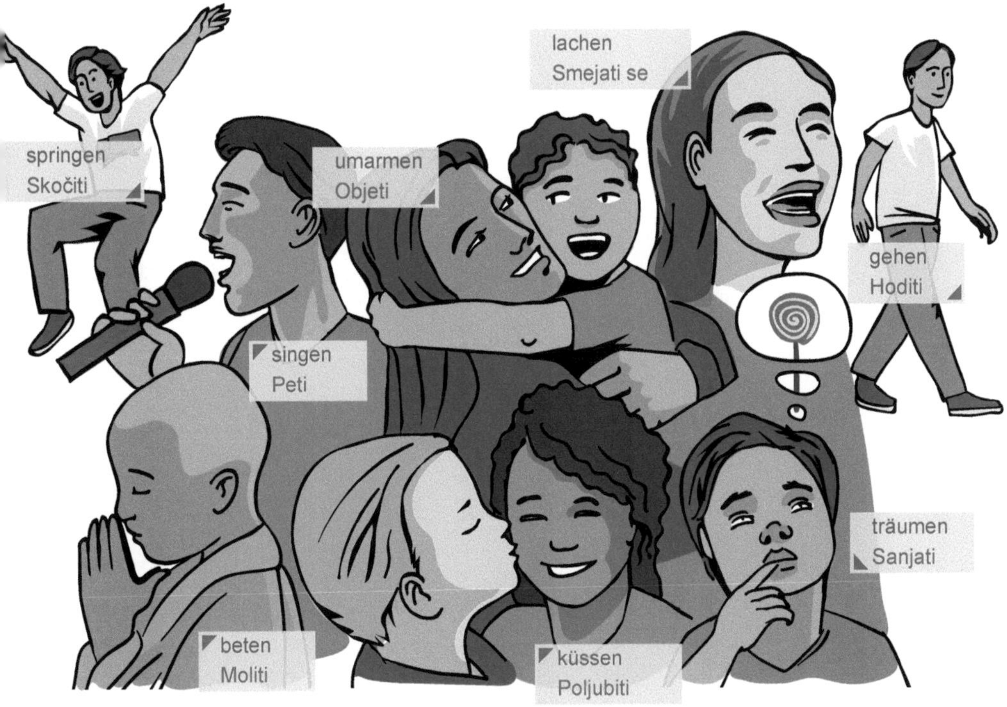

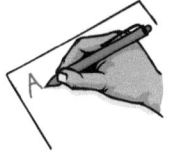

schreiben

Pisati

zeichnen

Risati

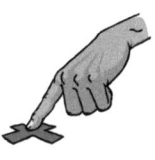

zeigen

Pokazati

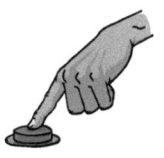

drücken

Potisniti

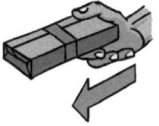

geben

Dati

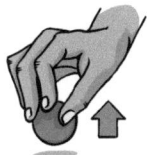

nehmen

Vzeti

haben
Imeti

tun
Narediti

sein
Biti

stehen
Stati

laufen
Teči

ziehen
Vleči

werfen
Vreči

fallen
Pasti

liegen
Ležati

warten
Čakati

tragen
Nositi

sitzen
Sedeti

anziehen
Obleči se

schlafen
Spati

aufwachen
Zbuditi se

ansehen

Gledati

weinen

Jokati

streicheln

Božati

kämmen

Česati se

reden

Govoriti

verstehen

Razumeti

fragen

Vprašati

hören

Poslušati

trinken

Piti

essen

Jesti

aufräumen

Pospraviti

lieben

Ljubiti

kochen

Kuhati

fahren

Voziti

fliegen

Leteti

segeln

Jadrati

rechnen

Računanje

lesen

Brati

lernen

Učiti se

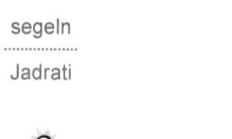

arbeiten

Delati

heiraten

Poročiti se

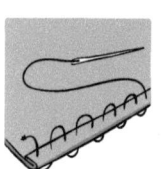

nähen

Šivati

Zähne putzen

Ščetkati si zobe

töten

Ubiti

rauchen

Kaditi

senden

Poslati

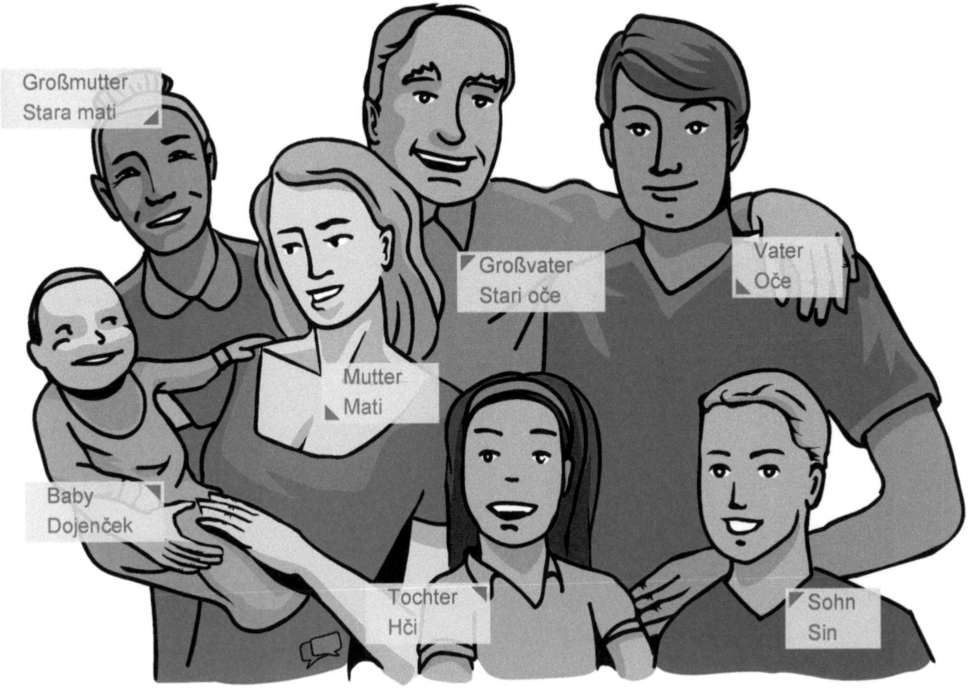

Großmutter
Stara mati

Großvater
Stari oče

Vater
Oče

Mutter
Mati

Baby
Dojenček

Tochter
Hči

Sohn
Sin

Gast

Gost

Tante

Teta

Onkel

Stric

Bruder

Brat

Schwester

Sestra

Körper

Telo

Stirn
Čelo
Auge
Oko
Schulter
Rama
Finger
Prst
Gesicht
Obraz
Kinn
Brada
Hand
Dlan
Bein
Noga
Brust
Prsi
Arm
Roka

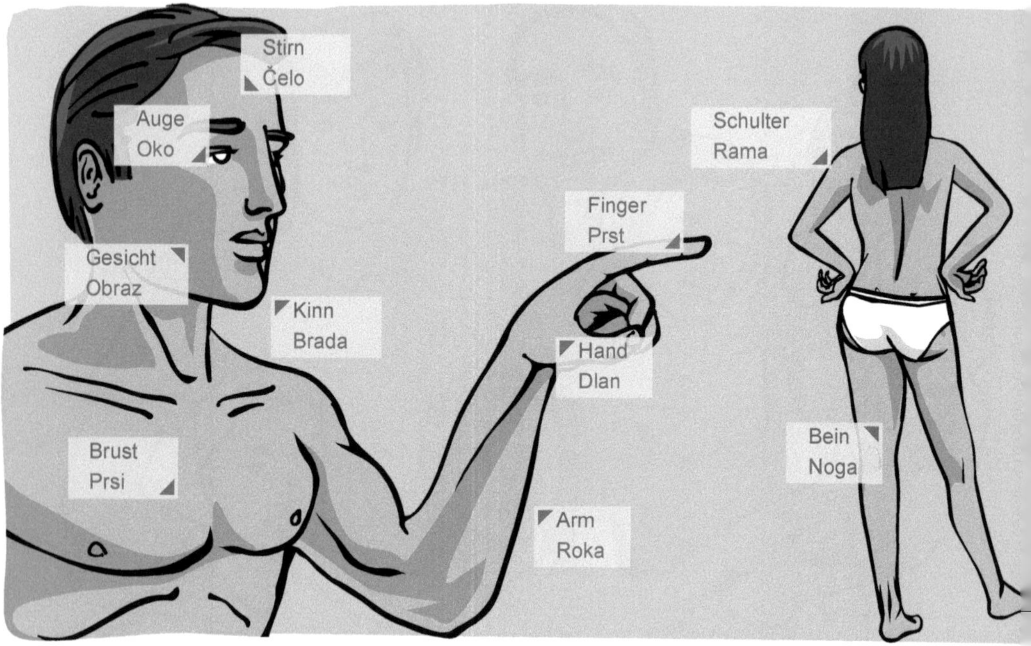

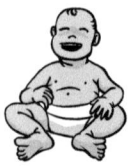

Baby

Dojenček

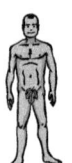

Mann

Človek

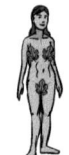

Frau

Ženska

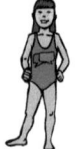

Mädchen

Dekle

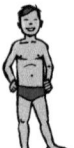

Junge

Fant

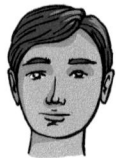

Kopf

Glava

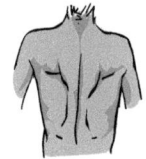

Rücken

Hrbet

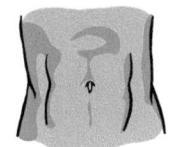

Bauch

Trebuh

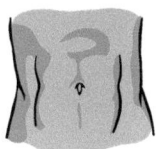

Nabel

Popek

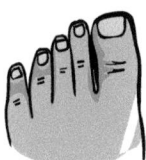

Zeh

Prst na nogi

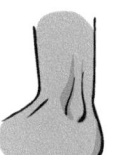

Ferse

Peta

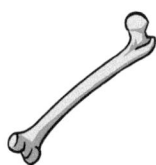

Knochen

Kost

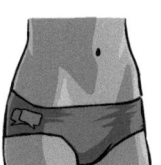

Hüfte

Kolk

Knie

Koleno

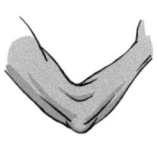

Ellenbogen

Komolec

Nase

Nos

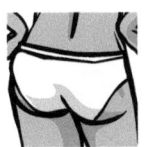

Gesäß

Zadnjica

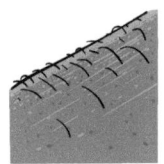

Haut

Koža

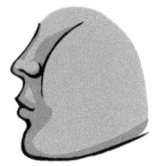

Wange

Lice

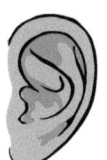

Ohr

Uho

Lippe

Ustnica

Mund
Usta

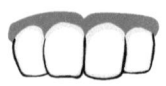

Zahn
Zob

Zunge
Jezik

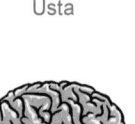

Gehirn
Možgani

Herz
Srce

Muskel
Mišica

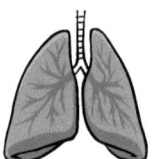

Lunge
Pljuča

Leber
Jetra

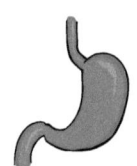

Magen
Želodec

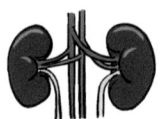

Nieren
Ledvice

Geschlechtsverkehr
Spolni odnos

Kondom
Kondom

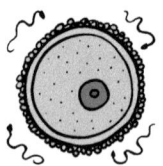

Eizelle
Jajčece

Sperma
Semenska tekočina

Schwangerschaft
Nosečnost

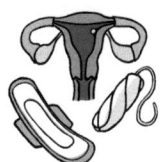

Menstruation

Menstruacija

Vagina

Vagina

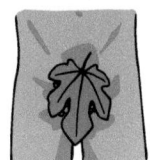

Penis

Penis

Augenbraue

Obrv

Haar

Lasje

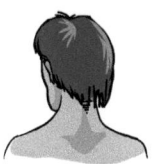

Hals

Vrat

Krankenhaus
Bolnišnica

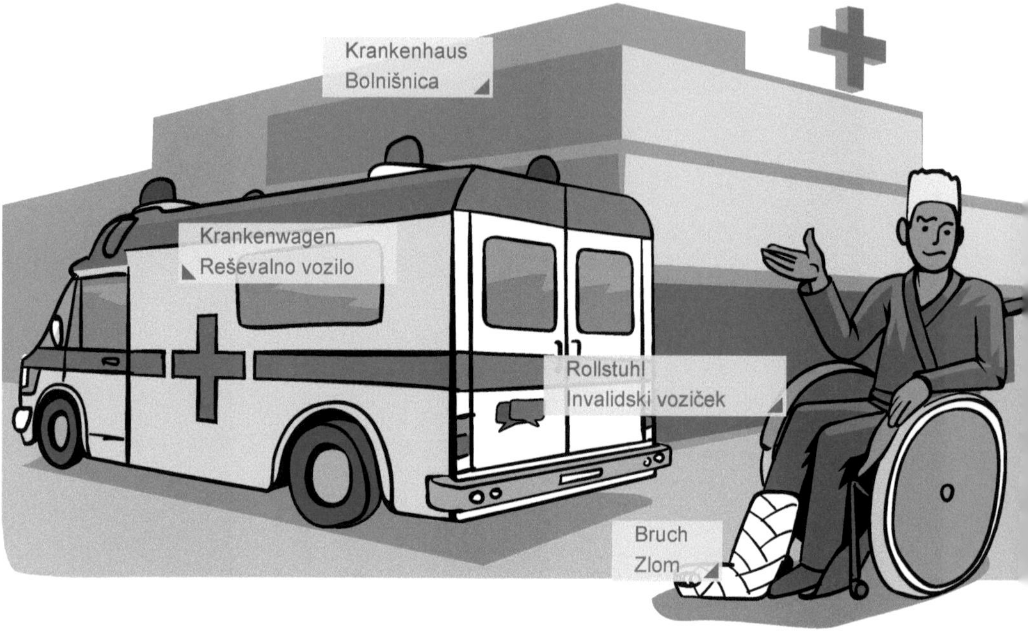

Krankenhaus
Bolnišnica
Krankenwagen
Reševalno vozilo
Rollstuhl
Invalidski voziček
Bruch
Zlom

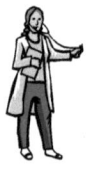

Arzt

Zdravnik

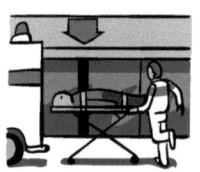

Notaufnahme

Urgenca

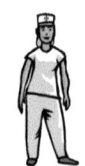

Krankenschwester

Medicinska sestra

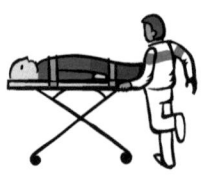

Notfall

Nujni primer

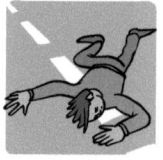

ohnmächtig

Nezavesten

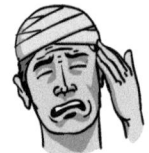

Schmerz

Bolečina

Verletzung

Poškodba

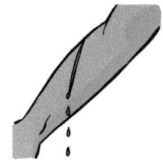

Blutung

Krvavenje

Herzinfarkt

Srčni infarkt

Schlaganfall

Kap

Allergie

Alergija

Husten

Kašelj

Fieber

Vročina

Grippe

Gripa

Durchfall

Driska

Kopfschmerzen

Glavobol

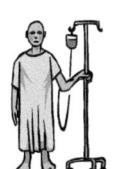

Krebs

Rak

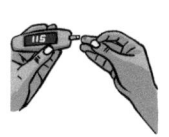

Diabetis

Sladkorna bolezen

Chirurg

Kirurg

Skalpell

Skalpel

Operation

Operacija

CT

CT

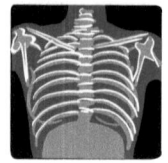

Röntgen

Rentgen

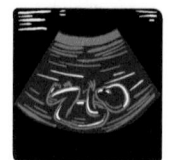

Ultraschall

Ultrazvok

Maske

Obrazna maska

Krankheit

Bolezen

Wartezimmer

Čakalnica

Krücke

Bergla

Pflaster

Obliž

Verband

Preveza

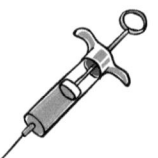

Injektion

Injekcija

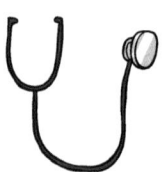

Stethoskop

Stetoskop

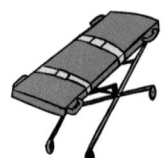

Trage

Nosila

Thermometer

Klinični termometer

Geburt

Porod

Übergewicht

Prekomerna teža

Hörgerät
Slušni pripomoček

Desinfektionsmittel
Razkužilo

Infektion
Okužba

Virus
Virus

HIV / AIDS
HIV / AIDS

Medizin
Medicina

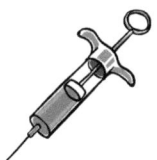
Impfung
Cepljenje

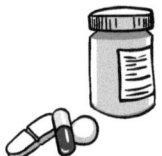
Tabletten
Tablete

Pille
Tableta

Notruf
Klic v sili

Blutdruck-Messgerät
Merilnik krvnega tlaka

krank / gesund
bolano / zdravo

Hilfe!

Na pomoč!

Alarm

Alarm

Überfall

Napad

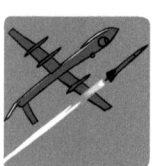

Angriff

Napad

Gefahr

Nevarnost

Notausgang

Izhod v sili

Feuer!

Gori!

Feuerlöscher

Gasilni aparat

Unfall

Nezgoda

Erste-Hilfe-Koffer

Komplet za prvo pomoč

SOS

SOS

Polizei

Policija

Europa

Evropa

Nordamerika

Severna Amerika

Südamerika

Južna Amerika

Afrika

Afrika

Asien

Azija

Australien

Avstralija

Atlantik

Atlantski ocean

Pazifik

Tihi ocean

Indischer Ozean

Indijski ocean

Antarktischer Ozean

Južni ocean

Arktischer Ozean

Arktični ocean

Nordpol

Severni tečaj

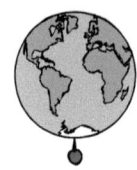

Südpol

Južni tečaj

Antarktis

Antarktika

Erde

Zemlja

Land

Kopno

Meer

Morje

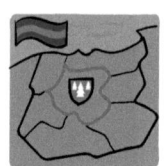

Insel

Otok

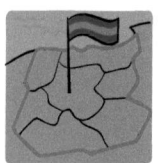

Nation

Narod

Staat

Država

Zifferblatt

Številčnica

Stundenzeiger

Urni kazalec

Minutenzeiger

Minutni kazalec

Sekundenzeiger

Sekundni kazalec

Wie spät ist es?

Koliko je ura?

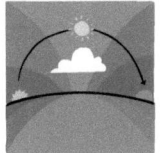

Tag

Dan

Zeit

Čas

jetzt

Zdaj

Digitaluhr

Digitalna ura

Minute

Minuta

Stunde

Ura

Woche
Teden

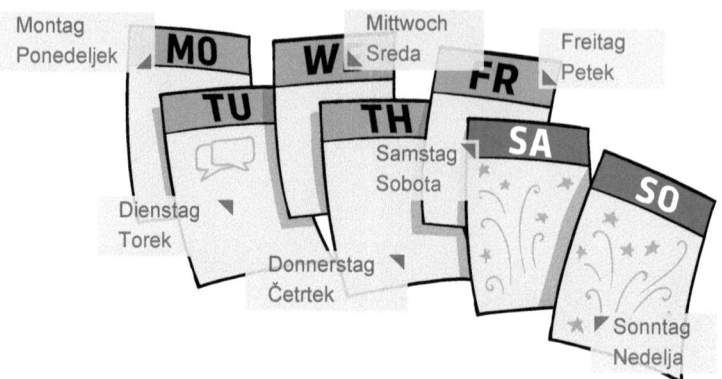

Montag
Ponedeljek

Mittwoch
Sreda

Freitag
Petek

Dienstag
Torek

Samstag
Sobota

Donnerstag
Četrtek

Sonntag
Nedelja

gestern

Včeraj

heute

Danes

morgen

Jutri

Morgen

Jutro

Mittag

Poldne

Abend

Večer

Arbeitstage

Delovni dnevi

Wochenende

Konec tedna

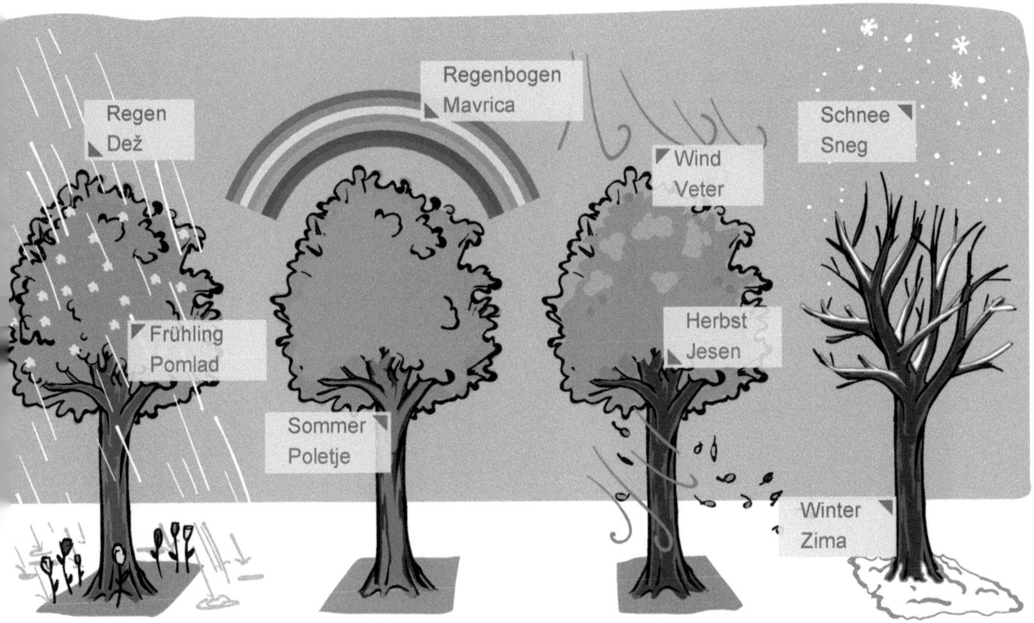

Regen
Dež
Regenbogen
Mavrica
Schnee
Sneg
Wind
Veter
Frühling
Pomlad
Herbst
Jesen
Sommer
Poletje
Winter
Zima

4.APRIL 11°
5.APRIL 4°
6.APRIL 13°
7.APRIL 8°
8.APRIL 10°

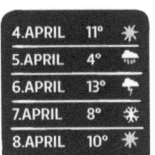

Wettervorhersage
....
Vremenska napoved

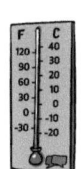

Thermometer
....
Termometer

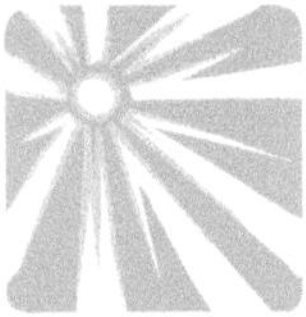

Sonnenschein
....
Sončna svetloba

Wolke
....
Oblak

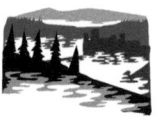

Nebel
....
Megla

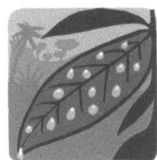

Luftfeuchtigkeit
....
Vlažnost

Blitz

Strela

Donner

Grom

Sturm

Nevihta

Hagel

Toča

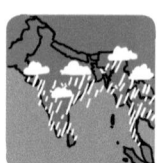

Monsun

Monsun

Flut

Poplava

Eis

Led

Januar

Januar

Februar

Februar

März

Marec

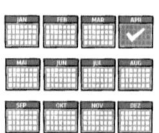

April

April

Mai

Maj

Juni

Junij

Juli

Julij

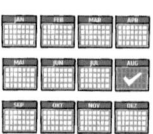

August

Avgust

September
....
September

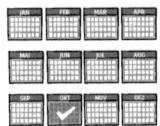

Oktober
....
Oktober

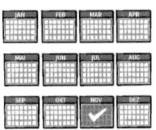

November
....
November

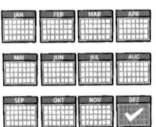

Dezember
....
December

Formen
Oblike

Kreis
....
Krogla

Quadrat
....
Kvadrat

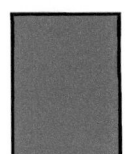

Rechteck
....
Pravokotnik

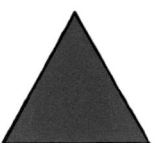

Dreieck
....
Trikotnik

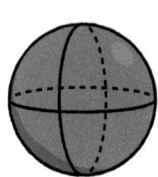

Kugel
....
Krogla

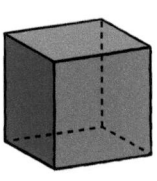

Würfel
....
Kocka

weiß

Bela

gelb

Rumena

orange

Oranžna

pink

Rožnata

rot

Rdeča

lila

Vijolična

blau

Modra

grün

Zelena

braun

Rjava

grau

Siva

schwarz

Črna

viel / wenig

veliko / malo

wütend / friedlich

jezno / umirjeno

hübsch / hässlich

lepo / grdo

Anfang / Ende

začetek / konec

groß / klein

veliko / majhno

hell / dunkel

svetlo / temno

Bruder / Schwester

brat / sestra

sauber / schmutzig

čisto / umazano

vollständig / unvollständig

popolno / nepopolno

Tag / Nacht

dan / noč

tot / lebendig

mrtvo / živo

breit / schmal

široko / ozko

genießbar / ungenießbar

užitno / neužitno

böse / freundlich

zlobno / prijazno

aufgeregt / gelangweilt

vznemirjeno / zdolgočaseno

dick / dünn

debelo / vitko

zuerst / zuletzt

prvo / zadnje

Freund / Feind

prijatelj / sovražnik

voll / leer

polno / prazno

hart / weich

trdo / mehko

schwer / leicht

težko / lahko

Hunger / Durst

lakota / žeja

krank / gesund

bolano / zdravo

illegal / legal

nezakonito / zakonito

intelligent / dumm

pametno / neumno

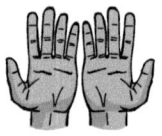

links / rechts

levo / desno

nah / fern

blizu / daleč

neu / gebraucht

novo / rabljeno

nichts / etwas

nič / nekaj

alt / jung

staro / mlado

an / aus

vklopljeno / izklopljeno

offen / geschlossen

odprto / zaprto

leise / laut

tiho / glasno

reich / arm

bogato / revno

richtig / falsch

prav / narobe

rau / glatt

grobo / gladko

traurig / glücklich

žalostno / veselo

kurz / lang

kratko / dolgo

langsam / schnell

počasi / hitro

nass / trocken

mokro / suho

warm / kühl

toplo / hladno

Krieg / Frieden

vojna / mir

Zahlen
Števila

0

null
Ničla

1

eins
Ena

2

zwei
Dva

3

drei
Tri

4

vier
Štiri

5

fünf
Pet

6

sechs
Šest

7

sieben
Sedem

8

acht
Osem

9

neun
Devet

10

zehn
Deset

11

elf
Enajst

12

zwölf

Dvanajst

13

dreizehn

Trinajst

14

vierzehn

Štirinajst

15

fünfzehn

Petnajst

16

sechzehn

Šestnajst

17

siebzehn

Sedemnajst

18

achtzehn

Osemnajst

19

neunzehn

Devetnajst

20

zwanzig

Dvajset

100

hundert

Sto

1.000

tausend

Tisoč

1.000.000

million

Milijon

Englisch

Angleščina

Amerikanisches Englisch

Ameriška angleščina

Chinesisch Mandarin

Mandarinščina

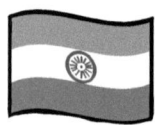

Hindi

Hindujščina

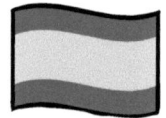

Spanisch

Španščina

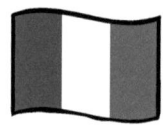

Französisch

Francoščina

Arabisch

Arabščina

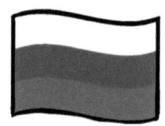

Russisch

Ruščina

Portugiesisch

Portugalščina

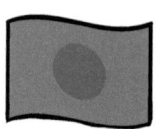

Bengalisch

Bengalščina

Deutsch

Nemščina

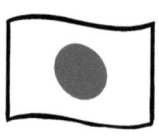

Japanisch

Japonščina

ich

Jaz

du

Ti

er / sie / es

On / ona / tisto

wir

Mi

ihr

Vi

sie

Oni

wer?

Kdo?

was?

Kaj?

wie?

Kako?

wo?

Kje?

wann?

Kdaj?

Name

Ime

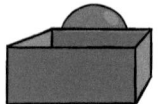

hinter

Zadaj

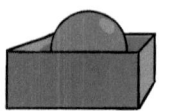

in

V

vor

Pred

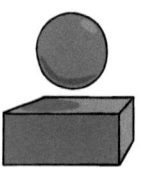

über

Nad

auf

Na

unter

Pod

neben

Poleg

zwischen

Med

Ort

Kraj